BIOGRAPHIE

et

PORTRAIT

de

MADAME HESS

par

LA PRINCESSE DE ***

PRIX : UN FRANC

PARIS

AUGUSTE GHIO, ÉDITEUR

ROYAL, 28, GALERIE D'ORLÉANS

—

1876

BIOGRAPHIE

ET

PORTRAIT

MADAME HESS

BIOGRAPHIE
et
PORTRAIT
de

MADAME HESS

par

LA PRINCESSE DE ***

PARIS
AUGUSTE GHIO, ÉDITEUR
PALAIS ROYAL, 28, GALERIE D'ORLÉANS

1876

Chère amie,

Pardonnez à mon indiscrétion si je dévoile le secret de nos entretiens, et de tous les renseignements que j'ai obtenus des témoins de votre vie. Je veux accomplir un devoir de reconnaissance pour l'éminent service que vous m'avez rendu.

Votre toute dévouée,

V...

BIOGRAPHIE

DE

MADAME HESS

Un jeune homme du Blésois, Pierre Cosson, d'une ancienne et honorable famille, épousa, à l'âge de dix-neuf ans, une villageoise, qui en avait trente et ne possédait aucune fortune.

Soit par vocation militaire très-prononcée, soit par lassitude du mariage, et quoique père de trois enfants, dont une fille, il s'engagea dans l'armée. Ayant obtenu promptement un grade subalterne, il entra dans la garde royale, se battit héroïquement dans les journées de juillet 1830, et mourut en 1833 de ses blessures, après avoir servi avec honneur dans la garde municipale.

Sa veuve, alors âgée de quarante-trois ans, se trouva sans ressources, car son mari avait dissipé presque entièrement le petit patrimoine qu'il possédait ; et, pour comble de malheur, elle perdit ses deux fils, qui l'eussent consolée et soutenue. Elle concentra toutes ses affections sur la jeune Marie-Madeleine, sa fille.

Celle-ci naquit à Marchenoir, dans une crèche, durant un voyage que sa mère faisait pour se procurer quelques ressources. Elles habitèrent ce bourg.

Cette mère, quoique illettrée et indigente, éleva sa fille dans les principes de la plus stricte probité et de l'activité dont elle lui donna l'exemple, tant l'amour maternel est ingénieux et puissant. La jeune Marie-Madeleine était docile, et songeait dès l'enfance aux moyens de soulager sa bonne mère, qui vivait des travaux rustiques les plus pénibles.

A l'âge de douze ans, elle entra en apprentissage dans une famille de petits commerçants, aux gages de trente francs par an. Elle fit durant toute l'année les plus beaux rêves sur les vêtements qu'elle achèterait pour sa mère, lorsqu'on lui retint quatorze francs, sous le prétexte qu'elle avait cassé quelques ustensiles.

Dans son désespoir elle aurait quitté la maison, sans l'opposition de sa mère. Néanmoins elle se dit, que, si elle parvenait à la fortune, elle n'imposerait jamais une pareille responsabilité à ses serviteurs ni domestiques.

En approchant de sa vingtième année, elle fut

emmenée à Paris par une dame d'Orléans qui, reconnaissant son intelligence et sa résolution, était persuadée qu'elle l'aiderait à recueillir un héritage contesté.

Durant ces démarches, Marie-Madeleine rencontra l'une de ses compatriotes qui faisait des travaux de couture pour un tailleur. Celle-ci parlant sans cesse à l'atelier de sa nouvelle amie, un ouvrier, d'origine allemande, nommé Hess, sachant à peine quelques mots de français, mais d'une noble figure, rechercha la *jolie paysanne* en mariage, et fit agréer ses vœux.

Il s'établit tailleur à Marchenoir, et ne réussit point dans cette commune rurale, car il était habitué à ne faire que des vêtements élégants, et l'on n'en commandait que de très-simples, nullement lucratifs.

Les jeunes époux retournèrent donc à Paris, où le mari entra comme coupeur dans une importante maison. Mais ce ne fut point en sa profession qu'ils trouvèrent leur fortune.

Vers sa majorité, Marie-Madeleine étant tombée malade, perdit presque tous ses cheveux ; la plupart de ceux qui lui restaient blanchirent. Désolée de voir disparaître le plus bel ornement de la femme, elle se livra à des expériences : enfin, elle composa une eau qui les fit repousser plus abondants et plus noirs qu'ils n'avaient été. Bientôt, ils traînèrent sur le sol, et encore aujourd'hui, quoiqu'elle ait passé l'âge de cinquante ans, ils sont très-épais et tout noirs.

Madame Hess jouissait seule de son invention, sans songer à l'exploiter, lorsqu'un événement inattendu en fit connaître l'utilité. Elle habitait alors une maison d'humble apparence, située dans la rue du Roule.

La femme d'un camarade de son mari, sa voisine, avec laquelle elle se lie, ayant perdu presque tous ses cheveux, la pria de lui donner de son eau. Madame Hess y consentit. Au bout de quelques mois, la réussite fut complète : dans l'élan de sa reconnaissance, sa voisine en parla à toutes les personnes qu'elle voyait. Au nombre de celles-ci, la femme de chambre de deux Anglaises habitant Paris et très-répandues dans le monde, qui se chagrinaient d'avoir perdu la plupart de leurs cheveux, s'empressa de leur raconter ce qu'elle venait d'apprendre. Le lendemain, dès le matin, elles entraient dans la petite chambre de l'inventrice. Après avoir admiré sa chevelure, unique dans le monde, même dans l'Inde, et interrogé inquisitorialement sa voisine, elles sollicitèrent de l'eau, en suppliant Madame Hess de l'appliquer elle-même.

L'expérience réussit encore au delà des espérances. La reconnaissance de ces Anglaises se manifesta par quelques présents, et surtout par des recommandations toutes spontanées. Un grand nombre de Russes, d'Allemandes, d'Italiennes, de Françaises, etc., recoururent à Madame Hess. Plusieurs furent même guéries de maladies de tête réputées incurables, car cette eau est aussi un remède efficace.

Cependant la modestie de l'inventrice faisait obstacle à des profits réels ; lorsqu'une visite, des exhortations et recommandations puissantes les lui procurèrent enfin.

Un soir, en rentrant avec sa mère, chargées de leur linge qu'elles venaient de laver, ses voisines l'appelèrent à grands cris. Une princesse française, dont l'équipage attendait à la porte, avec une suite nombreuse, gravissait l'escalier obscur et tortueux, afin de la visiter.

Madame Hess accourt. La princesse contemple sa longue chevelure, se récrie d'admiration et demande de l'eau. Quelques jours après, la femme et la belle-sœur de deux des plus fameux banquiers de Paris allèrent aussi en acheter.

Alors la maison était à moitié démolie pour le prolongement de la rue de Rivoli. Son propriétaire, qui en possédait une belle, dans la rue Neuve-des-Petits-Champs, 64, construite par et pour le célèbre Mansart, lui offrit un petit appartement à l'entresol. Elle fut contrainte de l'accepter, malgré le prix trop élevé pour elle, parce qu'elle avait fait ailleurs des recherches vaines.

Elle déménagea avec une petite voiture à bras. Sa mère, qui ne voulait point abandonner son chat, le portait dans son tablier. Elles arrivèrent ainsi par une pluie battante à la porte de leur nouvelle habitation où les attendait une cliente nouvelle, la princesse russe **, femme d'un ambassadeur, qui ne s'émut point du désordre de la toilette de Madame Hess, et lui demanda une grosse provision de son eau, parcequ'elle était sur le point de partir pour l'Italie. Madame Hess s'excusa, car elle n'en avait plus et l'argent lui manquait pour en fabriquer. Alors la princesse lui glissa dans la main un rouleau d'or de 1,200 francs en disant : « Ma chère enfant, vous ferez comme vous pourrez; s'il vous est impossible d'y travailler le jour, vous y travaillerez la nuit; mais il m'en faut absolument après-demain. »

Madame Hess crut avoir rencontré le Pactole. Le lendemain, son prévoyant mari acheta avec la moitié de cette somme quelques meubles élégants et une pendule. Il quitta son atelier, et aida sa femme dans la fabrication de ses produits, et la réception des clients.

Madame Hess inventa aussi à cette époque une pommade dans laquelle se rencontrent les principes de la composition de son eau, et qui rend plus durables les effets de celle-ci.

Elle quitta bientôt le petit appartement de l'entresol, pour en prendre un vaste au-dessus, qu'elle meubla successivement avec luxe. Au bout de trois ans, elle acheta des terres, mais auparavant elle avait consacré à l'église de son pays natal et aux indigents ses premiers profits nets.

Depuis vingt-quatre ans

son industrie qui, seule de sa nature, a prospéré sans affiches, ni annonces, ni articles de journaux, ni intrigues d'aucune sorte, s'est soutenue malgré les guerres et les révolutions. C'est en vain que l'on a cherché à découvrir le secret de la composition de ses deux utiles cosmétiques, dont elle n'a jamais consenti à établir de dépôts. Madame Hess a conservé toutes ses clientes, parmi lesquelles on remarque la plupart des reines, des impératrices et des archiduchesses.

Mais elle n'a jamais oublié les privations qu'elle et sa mère subirent dans son enfance. Les pauvres partagent avec elle ses revenus, dans une proportion rare à l'époque de faste et d'égoïsme où nous vivons.

Le principal mobile de ses travaux assidus a été le désir d'enrichir sa mère; et elle a largement été récompensée de sa piété filiale. Voulant en perpétuer le souvenir, elle fonde en son pays un prix important, afin d'encourager les enfants pauvres qui se dévouent à leurs parents.

Paris-Imp. PAUL DUPONT, 41, rue Jean-Jacques-Rousseau.

PARIS. — IMPRIMERIE PAUL DUPONT

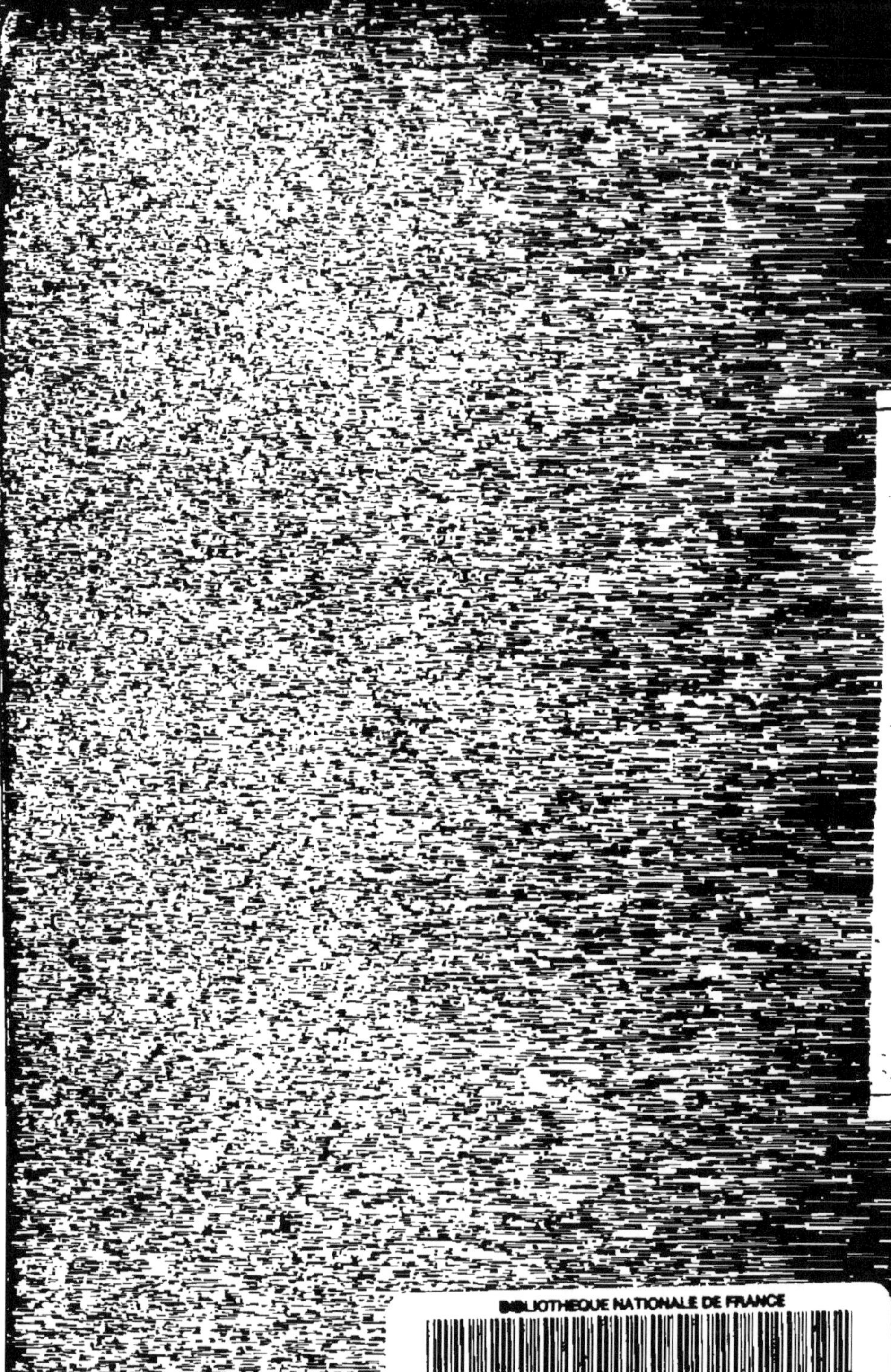

www.ingramcontent.com/pod-product-compliance
Ingram Content Group UK Ltd.
Pitfield, Milton Keynes, MK11 3LW, UK
UKHW021023200726
13857UKWH00004B/1559